El arte de la guerra

de Sun Tzu

Entiende fácilmente la literatura con

ResumenExpress.com

www.resumenexpress.com

SUN TZU

GENERAL, ESTRATEGA Y FILÓSOFO CHINO

- **Nacido en el siglo VI a. C.**
- **Fallecido en el siglo V a. C.**
- **Su obra:**
    - *El arte de la guerra* (siglo VI a. C.), tratado de estrategia militar

La biografía de Sun Tzu (su nombre oficial es Sun Wu, pero nos referimos a él como «maestro Sun») está incompleta y no es demasiado fiable, puesto que se basa en documentos que datan de varios siglos después de su muerte. Según la tradición, este general originario del Estado Qi (al norte de la provincia actual de Shandong, en China) vivió en el siglo VI a. C., durante el período de las Primaveras y Otoños (o período Chunqiu, 722-481 a. C.). La difusión de *El arte de la guerra* llevó al rey Helü del Estado de Wu (provincia actual de Zhejiang) a interesarse por él. Tras ponerlo a prueba para comprobar sus habilidades, le nombró general de sus ejércitos.

EL ARTE DE LA GUERRA

EL TRATADO DE ESTRATEGIA MILITAR MÁS ANTIGUO DEL QUE SE TIENE CONOCIMIENTO

- **Género:** tratado de estrategia
- **Edición de referencia:** Tzu, Sun. 2016. *El arte de la guerra*. Traducido por Mariano Vázquez Alonso. Madrid: Edaf. E-book en epub
- **Primera edición:** desconocida, supuestamente en torno al siglo VI a. C.
- **Temáticas:** guerra, estrategia, psicología, prudencia, conocimiento, filosofía

El arte de la guerra de Sun Tzu es la obra sobre estrategia militar más antigua que conocemos. Según el autor, una guerra bien liderada debe ser rápida y poco costosa. Nos enseña así el arte de vencer llevando al enemigo a cometer errores o a rendirse, y le otorga una gran importancia a la psicología, a la astucia y al espionaje.

Este tratado ha tenido una influencia decisiva en el razonamiento militar y de liderazgo (relativo a la gestión de una empresa) en el mundo entero. Además, el énfasis que se pone en la psicología de combate encuentra eco en varios conflictos modernos.

RESUMEN

Presentamos una breve síntesis de los principios fundamentales a los que se alude en *El arte de la guerra*, dividiéndolos en cinco secciones:

- la primera describe la estructura general de la obra;
- la segunda y la tercera presentan las recomendaciones de carácter psicológico (relativas al conocimiento del enemigo y al uso de la astucia);
- la cuarta y la quinta hablan de consejos de carácter táctico (relativos a la buena gestión del ejército y a la reducción de riesgos).

LA ESTRUCTURA DE LA OBRA

El libro está compuesto por 13 capítulos que cubren el conjunto de aspectos del arte de la guerra, según Sun Tzu. Todos son independientes los unos de los otros, y no se conciben en absoluto como una explicación cronológica de las etapas que preceden a una batalla. Sin embargo, esta organización secuencial es un tanto vaga y proviene de una filosofía única, así que sucede con frecuencia que las nociones expuestas en un capítulo se repiten en los siguientes.

Por otra parte, observamos una evolución en el punto de vista empleado, que va desde lo general a lo particular: el primer artículo está dedicado a los planes estratégicos y los últimos, a las recomendaciones específicas relativas al ataque con fuego o al espionaje, por ejemplo.

Sun Tzu sostiene que la victoria militar es un asunto de cálculos: «En lo tocante al método: Primero, mide la longitud. Segundo, mide el volumen. Tercero, haz los cálculos. Cuarto, pesa. El quinto es la victoria» (Tzu 2016, 30). El general que vence es, por lo tanto, el más cauteloso, el que ha tenido en cuenta un conjunto de variables que Sun Tzu presenta en un inventario (la topografía, la moral de las tropas o las circunstancias de la batalla, por ejemplo).

EL CONOCIMIENTO DEL ENEMIGO

Una de las citas más conocidas de Sun Tzu es la siguiente: «El que conoce al otro y se conoce a sí mismo no pondrá la victoria en peligro» (Tzu 2016, 44). Para él, el arte de la guerra se basa en el dominio de distintas variables, por lo que esta recomendación reviste un carácter esencial, puesto que, entre las que subraya, figuran el general, el método y la virtud del adversario.

- Sun Tzu explica que un buen general debe ser capaz de dirigir a sus tropas «como si se tratara de un rebaño» (Tzu 2016, 48). Este poder proviene de la justicia con la que aplique su mando. El estratega aprovecha para hacer el perfil psicológico de varios generales a los que les falta esta calidad, y señala la manera de explotarlo: «Si el general se dirige a sus hombres de forma repetida y suave, en tono mesurado, es que ha perdido el respeto de su tropa. Si se otorgan muchas recompensas, es que necesita mucha ayuda. Si hay muchos castigos, es que se encuentra en dificultades» (Tzu 2016, 41).
- El método nos indica la organización de las tropas, que es

distinta en cada ejército.

- Para acabar, entiende por virtud la razón moral de una campaña militar y la consonancia de los sujetos con su dirigente, de quien depende el compromiso de aquellos en la batalla.

Se deben conocer estas variables para llevar a cabo una guerra eficaz. Por ello, tal y como subraya el autor, son importantes los espías, a los que dedica su decimotercer capítulo para ilustrarnos en su utilización. También nos indica que el conocimiento del enemigo no debe venir solo de la observación, sino también de la provocación: «Ponlos a prueba, y conocerás los lugares ventajosos y los insuficientes» (Tzu 2016, 35).

LA GUERRA PSICOLÓGICA

Otro de los puntos centrales de *El arte de la guerra* de Sun Tzu es poner en apuros al adversario. A lo largo de todo el texto, el autor insiste en la importancia de engañar al enemigo: «Así pues, haz su camino tortuoso y atráelos con ventaja.» (Tzu 2016, 36).

A partir de ese momento, se nos presenta la noción de contraespionaje en el tratado, y se recomienda organizar la filtración de informaciones falsas («La milicia es un Tao de engaños: De modo que cuando seas capaz, muestra incapacidad», Tzu 2016, 25; «Yo le digo a mi espía lo que deseo, y él lo transmite al espía del enemigo», Tzu 2016, 185).

El objetivo de estas maniobras se expresa en la frase siguiente: «Atácale cuando no esté preparado. Surge allí donde no te espere» (Tzu 2016, 25). En el tercer capítulo, Sun Tzu explica que es mejor empezar por socavar los planes y las alianzas del enemigo para anular las circunstancias favorables a su victoria, y luego atacar a sus milicias. Escribe: «Lo más hábil es someter al ejército contrario sin batalla» (Tzu 2016, 28).

Partiendo de esa base, se prioriza la búsqueda de la rendición. Se puede obtener si se priva al adversario de su potencia: «Primero hay que adueñarse de aquello a lo que le da más importancia. Entonces, te escuchará»[1]. La dominación no se hace con violencia, sino con habilidad y astucia, y esto evita numerosas pérdidas humanas.

EL PRINCIPIO DE LA BUENA GESTIÓN

Sun Tzu intenta reducir al mínimo las pérdidas humanas porque hay un principio global de economía que rige *El arte de la guerra*. Así, estas son sus recomendaciones:

- disminuir la cantidad de víveres que necesita el ejército tomando los recursos alimentarios del adversario («el sabio general busca alimento en el enemigo», Tzu 2016, 27) y su material militar para emplearlo contra él;
- reducir el cansancio de los soldados evitando que realicen desplazamientos inútiles. Por el lado contrario, aconseja incitar al adversario a que recorra la distancia que les separa, puesto que será probablemente quien más cansado esté cuando llegue. Añade: «el que es hábil en la batalla,

---

1. Cita traducida por ResumenExpress.com

emplaza al otro, y no es emplazado por él» (Tzu 2016, 22);

- cuidar la moral de las tropas. «Si las tropas no se sienten fielmente unidas a ti, y, sin embargo, las castigas, no te obedecerán» (Tzu 2016, 160). Esto implica que el general debe tener ciertas cualidades: tiene que mostrarse justo e imparcial con ellas. La cadena de mando también debe ser sólida desde el primero hasta el último, y el general tiene que cultivar las mismas cualidades en todos sus subordinados, puesto que si «la tropa es fuerte, pero los oficiales son débiles. Esto recibe el nombre de "arcos no tensados"» (Tzu 2016, 163).

Para acabar, Sun Tzu precisa que un general puede desobedecer la orden de su soberano si este le obliga a sustraerse del principio absoluto de gestión inteligente de las fuerzas armadas: «De este modo, cuando de acuerdo con el Tao de la batalla la victoria se da por cierta, aunque el gobernante no ordene la batalla, no has de dudar en hacerla. Cuando, de acuerdo con el Tao de la batalla, no hay posibilidad de victoria, aunque el gobernante ordene la batalla has de evitar hacerla» (Tzu 2016, 44).

EL PRINCIPIO DE PRUDENCIA

Al principio de economía se añade el de la prudencia. Según este principio, no se ordenará ningún movimiento de las tropas si no se tiene la seguridad de que no pondrá al ejército en peligro. Sin tener la certeza de una victoria segura, Sun Tzu recomienda evitar la batalla: «No te enfrentes a ellos cuando estén en una alta colina. No vayas contra ellos cuando den la espalda a un terraplén. No los persigas cuando finjan estar derrotados» (Tzu 2016, 37).

Solo es deseable que se produzca la batalla si se cumplen una serie de condiciones en nuestro bando y no en el enemigo: el humor (es decir, la determinación), el espíritu (es decir, la lucidez), la fuerza (es decir, la vitalidad) y las circunstancias (es decir, la preparación). Así, Sun Tzu afirma que «Al no tener errores, lo que preparas te llevará necesariamente a la victoria, puesto que uno sale victorioso sobre lo ya vencido. El que es hábil en la batalla se asienta en el lugar de la no derrota» (Tzu 2016, 30).

Esta prudencia también nos obliga a tener en cuenta las variables que no dependen del enemigo: las condiciones climáticas y la topografía. De este modo, Sun Tzu dedica los capítulos diez y once a la configuración de los terrenos, entre los que distingue nueve, cada uno con unas características diferentes, que son propicios para el ataque o para la defensa.

PUNTOS DESTACADOS

UN ESTATUS AMBIGUO

Siguen existiendo dudas en cuanto al estatus exacto de *El arte de la guerra*, que se considera a veces como un documento original y otras veces, como un testimonio indirecto de las enseñanzas de Sun Tzu. Algunos comentaristas han llegado a poner en duda la existencia de este personaje, y atribuyen este tratado a Sun Bin, un estratega del siglo IV a. C., con una vida mejor documentada. Aunque esta hipótesis ha sido descartada por los investigadores contemporáneos, lo cierto es que la identidad exacta de Sun Tzu sigue siendo una incógnita.

La cuestión del auténtico autor del tratado es compleja. Cada capítulo se ve introducido por la fórmula «Sun Tzu dijo», lo que podría dar a entender que ha sido redactado por un tercero. Sin embargo, muchos pasajes han sido escritos en primera persona del singular. Además, el tono de experto que se emplea podría indicar que estos comentarios no son de un simple copista, sino de un auténtico estratega. Por ejemplo, esta afirmación perentoria relativa a la importancia de la preparación iría en este sentido: «A través de todo ello puedo conocer la victoria y la derrota» (Tzu 2016, 25).

RECEPCIÓN Y POSTERIDAD

Rápidamente, el tratado de Sun Tzu es ampliamente difundido y comentado en China. Obtiene un reconocimiento considerable en el siglo XI de nuestra era, cuando el emperador Shen Zong (1048-1085) lo califica como «clásico militar» por decreto junto con otros seis textos. Estos siete clásicos se enseñan a partir de ese momento a todos los oficiales del Imperio y, entre ellos, *El arte de la guerra* es considerado el más importante.

Fue redescubierto en la época moderna, tras ser dejado de lado. El tratado ha tenido una influencia particular considerable en los primeros escritos de Mao Zedong (primer presidente de la República Popular China, 1893-1976). Al principio de la guerra civil (1927-1950), su bando se encuentra en inferioridad numérica, lo que le empuja a emplear las técnicas de guerrilla, y por lo tanto, a aplicar las recomendaciones de Sun Tzu, vinculadas tanto a los principios de economía y de prudencia como a la psicología. Sin embargo, Mao Zedong se resiste a admitir esta herencia—el estatus académico y, por ende, elitista del tratado iba en contra de su doctrina según la cual había que hacer *tabula rasa* con el pasado para dar el poder al pueblo— y efectúa en su lugar un trabajo de reapropiación de los preceptos del estratega.

En el mundo occidental, *El arte de la guerra* llega a Francia sólo en el siglo XVIII, a través de la misión jesuita en China (1582-1773). Su primer traductor es el padre Joseph-Marie Amiot (francés, 1718-1793), que lo publica en 1772 bajo el título de *Les Treize Articles* («Los trece capítulos»). Esta versión, que tiene el mérito de divulgar los preceptos de Sun Tzu en el mundo francófono, es sin embargo poco fiel al original: Amiot incluye explicaciones de texto y comentarios. Así, se fueron añadiendo otras traducciones que se hacían siempre a partir de versiones inglesas del texto. No es hasta finales del siglo XX cuando aparece por fin una primera edición crítica francesa de *El arte de la guerra*.

Hoy en día, la obra está considerada en el mundo entero un clásico del género y su lectura está recomendada en las academias militares. También se le han encontrado aplicaciones fuera del ámbito militar, en el campo de la estrategia legal y en el entorno competitivo de las grandes empresas, sobre todo las estadounidenses y las japonesas. Por ejemplo, los rasgos de carácter que recomienda Sun Tzu en los generales conforman hoy el éxito de los directores; el conocimiento del adversario y una gestión ahorradora de los recursos son necesarios en cualquier situación competitiva. En cuanto al espionaje, el general chino lo concibe como militar, pero también puede ser industrial.

CLAVES DE LECTURA

UNA DIALÉCTICA DEL INVENTARIO

Entendemos por «dialéctica» el método de razonamiento o discusión. La que escoge Sun Tzu en *El arte de la guerra* se asemeja a un inventario. En efecto, establece una lista con numerosas variables vinculadas al ámbito militar (el liderazgo, las circunstancias, la topografía, etc.) y a continuación, las detalla una a una, explicando el final de todos los escenarios diferentes. El tratado enumera por consiguiente varias series:

- cinco ventajas (el estado del terreno, las vías de comunicación, los puntos débiles del ejército, del general y de las fortificaciones enemigas);
- cinco peligros para un general (querer morir a toda costa, querer vivir a toda costa, ser irascible, ser íntegro e incorruptible, querer demasiado a sus hombres);
- cuatro maneras de colocar a sus tropas (en la montaña, al lado de una corriente de agua, en las marismas saladas, en las altas llanuras);
- seis tipos de terreno (que se pueden atravesar, de los que hay que desconfiar, que hay que controlar, donde encontramos tramos difíciles, que acaban siendo peligrosos y que están alejados);
- seis cataclismos (la huida, la laxitud, el riesgo de caer en manos del enemigo, el colapso, la confusión y la derrota);
- nueve tipos de territorios (de dispersión, fáciles, por los que hay que luchar, de encuentro, cruces, difíciles, donde uno puede ser vencido, cercados y mortales);

- cinco maneras de atacar con fuego (quemar hombres, reservas, carros de avituallamiento, depósitos y tropas) y cinco tipos de incendios;
- cinco tipos de espías (nativos, internos, dobles, *muertos* y *vivos*);
- etc.

A través de la dialéctica del inventario, *El arte de la guerra* pretende ser exhaustivo: intenta cubrir todos los supuestos bélicos imaginables. Sun Tzu concibe su obra como un medio para «codificarla gracias a las variables, estudiarla elaborando planes para comprender perfectamente la situación»[2]. Con esta codificación, el enfoque del estratega hace de la práctica bélica un arte por sí solo.

EL TRASFONDO FILOSÓFICO DE *EL ARTE DE LA GUERRA*

El arte de la guerra encuentra algunas de sus raíces en el taoísmo. El pensamiento taoísta por el cual todo estado es cambiante es el punto de partida de la estrategia de Sun Tzu. Para él, se debe ir a por la victoria solo cuando las condiciones sean favorables; si no se dan, debe postergarse el enfrentamiento. Así, un buen general debe ser capaz de percibir la variación constante de los factores que influyen en el resultado de una batalla.

Si este último es capaz de leer de manera precisa la evolución de las circunstancias que se suceden en un frente

---

2. Cita traducida por ResumenExpress.com

armado, sabrá entonces cuándo debe atacar. De este modo, Sun Tzu recomienda avanzar cuando el enemigo está debilitado y retroceder cuando se muestra fuerte. Esta filosofía la deja particularmente clara en su sexto capítulo, titulado «Lo lleno y lo vacío». Ahí escribe, usando la metáfora como recurso, que «[...] la forma del ejército es como el agua. El agua, al moverse, evita lo alto y se apresura hacia lo bajo. El ejército, en su victoria, evita lo que está lleno y ataca lo vacío» (Tzu 2016, 35).

Para ilustrar el carácter universal de esta movilidad de las cosas, Sun Tzu recurre por otra parte a la teoría de los cinco elementos (la madera, el fuego, la tierra, el metal y el agua), una de las partes centrales de la filosofía taoísta («De las Cinco Fases, ninguna es la auténtica vencedora. De las cuatro estaciones, ninguna tiene constante primacía. El sol brilla de cerca y de lejos. La luna muere y vive», Tzu 2016, 35).

En su retórica, Sun Tzu recoge también los opuestos complementarios de la filosofía china (los famosos ying y yang) cuando, por ejemplo, describe las variables que están ligadas a las condiciones climáticas («el cielo es el ying y el yang, lo frío y lo caliente», Tzu 2016, 80). Algunos comentaristas defienden además que cuando describe la guerra como «la vía que conduce a la supervivencia o a la destrucción»[3], el estratega se refiere a la Vía en el sentido taoísta de la palabra, que designa una evolución moral personal.

---

3. Cita traducida por ResumenExpress.com

UNA GUÍA MÁS QUE UN MANUAL

En su tratado militar, Sun Tzu emplea un tono muy categórico en su manera de presentar sus recomendaciones. Así, la obra parece ser más un manual con unas reglas que seguir al pie de la letra, como nos lo indican las numerosas conminaciones que pueblan el texto («Sun Tzu dijo», «Hay que», «El general debe», etc.).

Sin embargo, cuando nos fijamos más en detalle, observamos que la mayoría de las ideas propuestas son en realidad grandes principios en los que hay que pensar cuando se urde el plan de batalla, más que técnicas y astucias que deban aplicarse directamente. De hecho, sus consejos van acompañados rara vez de explicaciones concretas. Así, cuando por ejemplo dice que «Y así lo mejor en el ejército es acabar con la estrategia del enemigo» (Tzu 2016, 28), no explica concretamente cómo socavarla. No ofrece relatos de guerra para ilustrar sus observaciones, ni siquiera nos presenta la historia de los generales que han existido realmente, y tampoco nos da ejemplos de planes de batalla u otras estrategias que hayan resultado.

Así, lo que se va dibujando a lo largo del relato es más un ideal, el de un general y el de una guerra bien liderada. Por lo tanto, los principios que Sun Tzu dicta son ante todo consejos sobre los que hay que meditar, que hay que examinar y que hay que integrar para ser un general mejor o, aplicando una lectura más moderna, para ser un responsable de empresa mejor. *El arte de la guerra* se articula así como una guía que recomienda más una manera de ser que de hacer. Por esta razón, este tratado no solo tiene una aplicación militar, sino también económica o deportiva.

PISTAS PARA LA REFLEXIÓN

ALGUNAS PREGUNTAS PARA PROFUNDIZAR EN SU REFLEXIÓN...

- ¿Qué justifica, en sus principios, que *El arte de la guerra* esté todavía de actualidad 25 siglos después de su redacción?
- Sun Tzu declara: «Para avanzar de modo que uno no pueda ser resistido, carga contra lo vacío» (Tzu 2016, 34). Comente esta cita.
- ¿Cómo puede conocer al enemigo un general?
- ¿Cuáles son las ventajas para un soldado que se encuentre a las órdenes de un general que haya leído *El arte de la guerra* de Sun Tzu?
- ¿Cuál ha sido la influencia de la filosofía taoísta en los preceptos del general chino?
- ¿En qué podemos basarnos para decir que *El arte de la guerra* pretende ser exhaustivo?
- Cuando Sun Tzu autoriza a un general a desobedecer las órdenes de un rey si son nefastas, coloca el principio de gestión inteligente por encima de la obediencia estricta. ¿Cuáles pueden ser las consecuencias de este permiso?
- Aunque los generales tienen esta libertad, la estrategia recomienda aun así asegurarse la más estricta obediencia del pueblo y de los oficiales que componen el ejército. ¿Qué cualidad, presente en los buenos generales, pero ausente en los simples soldados, justifica esto?
- ¿Es la guerra un asunto de virtud para Sun Tzu? Justifique su respuesta.
- ¿Cree que el estudio de esta obra puede formar a un ver-

dadero ingeniero militar en el arte de la guerra, teniendo en cuenta que este tratado propone una receta única?

¡Su opinión nos interesa!
¡Deje un comentario en la página web de su librería en línea,
y comparta sus favoritos en las redes sociales!

PARA IR MÁS ALLÁ

EDICIÓN DE REFERENCIA

- Tzu, Sun. 2016. *El arte de la guerra.* Traducido por Mariano Vázquez Alonso. Madrid: Edaf. E-book en epub.

ESTUDIOS DE REFERENCIA

- Fayard, Pierre. 2004. *Comprendre et appliquer Sun Tzu. La pensée stratégique chinoise: une philosophie en action.* París: Dunod, colección *Stratégies et Management.*
- Niquet, Valérie. 1997. *Les Fondements de la stratégie chinoise.* París: Economica, colección *Hautes études stratégiques.*
- Phelizon, Jean-François. 2008. *Relire l'Art de la guerre de Sun Tzu.* París: Economica, colección *Stratèges et stratégies.*

ADAPTACIÓN

- Li, Zhiqing y Weimin Li. 1995-2006. Manhua (cómic chino) *El arte de la guerra.*

ResumenExpress.com

Muchas más guías para descubrir tu pasión por la literatura

www.resumenexpress.com